평범한 우리 어린이들을 다음 세대
위인으로 만들어 줄 교과서 위인 이야기!
효리원의 교과서 위인 이야기는 초등학교
교과 과정에 나오는 국내외 위인들을, 우리나라
최고 아동 문학가 53인이 재미있게 동화로 구성했습니다.
지혜와 용기로 위대한 삶을 산 위인들의 이야기는,
어린이들의 마음속에 '나도 할 수 있다.'는
희망의 씨앗을 심어 줄 것입니다!

KB192166

일러두기

1. **띄어쓰기와 맞춤법** : 초등학교 국어 교과서와 국립국어원의 『표준국어대사전』을 기준으로 하였습니다.

2. **외래어 지명과 인명** : 국립국어원의 『외래어 표기 용례집』을 기준으로 하였습니다.

3. **이해가 어려운 단어** : ( ) 안에 뜻풀이를 하였습니다.

4. **작가 연보** : 연도와 함께 나이를 표기하고, 업적을 간략히 소개하였습니다. 우리나라 위인은 태어난 해를 한 살로 하였고, 외국 위인은 만 나이를 한 살로 하였습니다. 정확한 자료가 없는 위인은 연도와 업적만을 나타냈습니다.

5. **내용 구성** : 위인의 삶은 역사적 자료를 바탕으로 최대한 사실적으로 구성하였습니다. 그러나 읽는 재미를 위해 대화 글이나 배경 묘사, 인물의 감정 표현 등에 작가의 상상력을 가미하였습니다.

6. **그림 구성** : 문헌을 바탕으로 위인이 살던 시대를 충실히 나타내도록 하되 복식의 색상이나 장식, 소품, 건물 등은 작가의 상상으로 그렸습니다.

7. **내용 감수** : 각 분야의 전문가들로 구성된 편집 위원들이 꼼꼼히 감수를 하였습니다.

편집 위원

컴퓨터와 스마트폰!
혁신의 아이디어뱅크

스티브 잡스

박성배 글 / 강우권 그림

 효 리 원
hyoreewon.com

초등학교 1, 2학년 어린이들에게 스티브 잡스 이야기는 좀 어려울 수 있습니다. 컴퓨터나 애니메이션 등에 대한 전문적인 용어가 많이 나오기 때문입니다. 그래서 될 수 있는 대로 전문 용어를 쓰지 않고 스티브 잡스가 걸어온 길을 중심으로 이야기했습니다.

어린이들에게는 스티브 잡스에 대해서 다음 몇 가지 관점에서 대화하면 좋을 것입니다.

첫째는, 스티브 잡스의 어렸을 때의 환경입니다. 입양 가정이라는 불우한 환경이지만 부모님과 선생님의 사랑으로 바르게 자라는 모습을 이야기해 보시기 바랍니다.

둘째는, 학교생활에서 말썽을 많이 부리지만 자기가 하고 싶은 일을 열심히 하는 모습입니다. 자기가 좋아하는 일을 찾아 꾸준히 하는 스티브 잡스의 행동을 이야기해 보시기 바랍니다.

셋째는, 많은 실패에도 굴하지 않고 다시 일어서는 모습입니다.

성공이란 한 번에 되는 것이 아니라 많은 실패를 딛고 일어서서 얻는 것이라는 것을 깨닫도록 해 보시기 바랍니다.

마지막으로 무엇이 행복한 일인가를 생각해 보게 하는 것입니다. 애플 회사에 다시 들어갔을 때 연봉 1달러를 고집한 스티브 잡스의 정신을 이야기해 보시기 바랍니다. 돈을 많이 버는 것이 좋은 일이 아니라 자기의 꿈을 이루는 일이 좋은 일이라는 것도 깨달았으면 좋겠습니다. 그리고 스티브 잡스가 꾼 꿈 '애플의 천국'이 주는 의미, 즉 모든 사람들에게 가장 편리한 컴퓨터를 주겠다는 꿈의 가치에 대해서도 이야기 나누어 보시기 바랍니다.

어린이 여러분에게 스티브 잡스를 소개합니다. 스티브 잡스는 입양 가정에서 자라나 학교에서는 말썽을 많이 부렸고, 대학도 중간에 그만 둔 사람입니다. 성격도 급하고 남과 잘 어울리지도 못했습니다. 그런데 왜 소개하느냐고요?

스티브 잡스는 세상에서 가장 편리하고 멋진 컴퓨터를 만들겠다는 큰 꿈을 가졌습니다. 그 꿈을 이루기 위하여 모든 노력을 다했습니다. 그러다가 실패를 반복했습니다. 스티브 잡스는 그때마다 '구르는 돌에는 이끼가 끼지 않는다.'며 다시 일어서곤 했습니다. 그리하여 마침내 '애플'이라는 컴퓨터 회사를 만들어 세계 사람들을 감동시켰습니다. 이렇게 실패를 딛고 일어서 성공한 스티브 잡스를 여러분에게 보여 주고 싶기 때문입니다.

어린이 여러분도 스티브 잡스의 열정과 끈기를 배워 무슨 일이든 쉽게 포기하지 않는 어린이가 되길 바랍니다.

글쓴이 박현배

차례

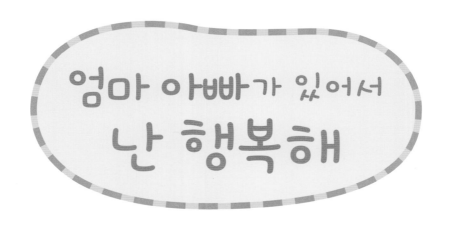

엄마 아빠가 있어서
난 행복해

"아가, 우리 아가!"

클라라 잡스는 스티브를 가슴에 꼬옥 안았습니다.

스티브를 낳은 친엄마와 아빠는 스티브를 기를 형편이 되지 못했습니다. 그래서 잡스 부부에게 아이를 입양 보내기로 결정했습니다.

"스티브를 잘 길러서 대학까지 보내 주실 수 있나요?"

친엄마와 아빠는 아기를 안은 새엄마와 아빠에게 물었습니다.

"그럼요! 사랑스런 내 아들이 되었는데 당연히 그렇게 해야 지요."

스티브의 친엄마와 아빠는 그 대답을 듣고, 안심을 하고 떠 났습니다.

"스티브 잡스! 이제 넌 우리 아들이다."

아기를 낳을 수 없었던 폴과 클라라는 스티브를 입양하여 무척 행복했습니다. 차를 수리하는 일을 하는 폴은 일이 끝나 면 바로 집으로 달려왔습니다. 아들 스티브와 놀아 주기 위해 서였습니다. 회사에 다니는 클라라도 마찬가지였습니다.

스티브는 기어 다니기 시작하면서 잠시도 가만 있지 않았습 니다. 손에 잡히는 것은 무엇이나 요리조리 살피고 망가뜨려 놓기 일쑤였습니다. 장난감도 그대로 가지고 노는 법이 없었 습니다. 마치 어떻게 만들었는지 알아보기라도 하려는 듯 모 두 뜯어 놓았습니다.

하루는 엄마 아빠가 화단에서 잠시 꽃을 가꾸고 있을 때였 습니다. 혼자 놀던 스티브의 비명 소리가 들렸습니다. 깜짝 놀란 엄마 아빠가 허둥지둥 달려가 방문을 열어젖혔더니 연기가 솟고 무엇인가 타는 냄새가 났습니다.

엄마는 겁에 질린 스티브를 얼른 안았습니다.

"이런, 호기심 많은 우리 스티브가 전기 콘센트에 머리핀을 꽂았구나!"

아빠는 스티브의 손을 살폈습니다. 조금 그슬린 자국이 있었으나 다행히 큰 상처는 없었습니다.

"우리 스티브가 당신 닮았나 봐요. 무엇이나 가만 두지를 않아요."

"하하하, 그런가? 나보다 훨씬 훌륭한 기술자가 되려나 본데?"

아빠는 스티브를 자랑스럽게 여겼습니다. 스티브가 세 살 때 엄마 아빠는 여자아이를 또 입양했습니다. 조금 자라자 스티브는 동생을 데리고 밖에 나가 놀곤 했습니다.

"네 친부모는 네가 싫어서 버린 거야."

또래 친구들이 스티브를 놀렸습니다. 스티브는 그 말에 속

이 상했습니다. 자기도 모르게 눈물이 나왔습니다.

"스티브, 왜 우니? 누구하고 싸웠니?"

엄마가 울며 들어오는 스티브를 보고 물었습니다.

"내가 싫어서 친엄마가 나를 버렸대요."

울며 말하는 스티브를 엄마는 꼬옥 안아 주었습니다,

"우리는 너를 낳은 것 이상으로 사랑한단다."

아빠도 스티브의 등을 쓰다듬어 주었습니다.

"엄마 아빠는 네가 있어서 참 행복하단다. 다시는 그런 일로 울지 말고 어디서나 당당하렴."

엄마의 가슴에서 콩콩콩 심장 뛰는 소리가 들렸습니다.

스티브는 구름 위를 둥둥 떠가는 듯 기분이 좋았습니다.

'엄마 아빠가 있어서 난 행복해!'

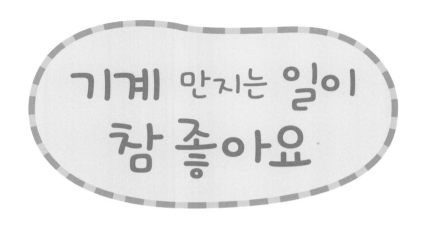

기계 만지는 일이 참 좋아요

스티브는 자전거 타기를 좋아했습니다. 씽씽 달리며 하늘로 날아가는 상상을 하기도 했습니다. 집에서는 텔레비전을 보며 어떻게 작은 화면에 움직이는 장면들이 나오는지 신기해하기도 했습니다. 라디오가 어떻게 생겼는지 알아본다며 망가뜨려 놓기도 하고 시계를 고장 내기도 했습니다. 이웃집의 카메라를 만져서 고장 내기도 했습니다.

"여보, 스티브가 너무 말썽을 부려서 힘들어요."

참다못한 엄마가 아빠에게 의논을 했습니다.

"난 그렇게 생각하지 않아요. 에디슨이 어렸을 때 헛간에서 알을 품고 있었단 이야기 들었지요? 우리 스티브도 기계 만지는 일에 남다르게 관심이 많아서 말썽을 부리는 것처럼 보일 뿐이에요."

"그렇긴 해요. 얼마 전에는 고장 난 이웃집 텔레비전을 고쳐 주기도 했으니까요."

엄마는 스티브를 더 이해해 주지 못한 것이 미안했습니다.

다음날 아침이었습니다.

"스티브, 오늘은 아빠랑 같이 차고에 가자."

"와! 신난다."

스티브는 깡충깡충 뛰며 아빠를 따라 나섰습니다.

아빠는 스티브가 좋아하는 기계들을 마음껏 만지게 하였습니다. 헌 자동차를 분해하여 자동차가 어떻게 움직이게 되는지도 자세히 설명해 주었습니다. 스티브는 나사를 돌리고 망치질과 톱질을 하는 법도 익혔습니다.

스티브의 기계 만지는 솜씨가 보통이 아니라는 소문이 퍼지

자 동네 아저씨들도 자기 차고로 스티브를 불렀습니다. 어떤 아저씨는 전자 부품을 이용해서 물건을 만드는 방법을 가르쳐 주는 아저씨도 있었습니다. 스티브는 하루 중 거의 대부분을 기계를 만지며 보냈습니다.

그러다가 초등학교에 입학한 스티브는 갑자기 말썽꾸러

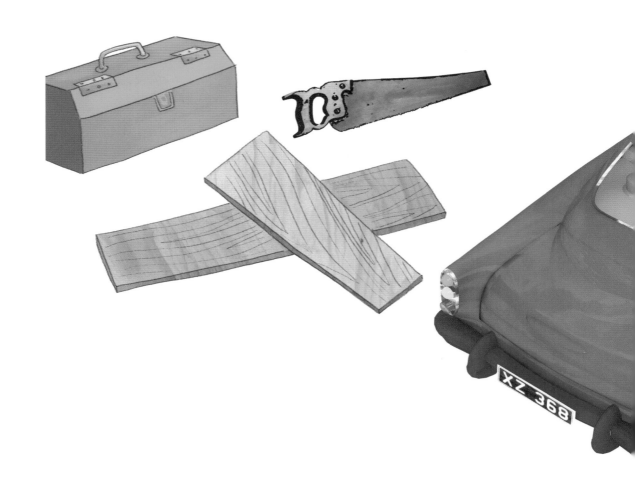

19

기가 되었습니다.

'아! 따분해.'

스티브는 교실에서 늘 외톨이로 지냈습니다. 혼자 기계 만지는 일만 생각하느라 공부에는 관심을 두지 않았습니다. 숙제를 하지 않아 선생님이 야단이라도 치면 대들기도 했습니다. 하루는 교실에서 뱀 소동이 일어났습니다.

"엄마야! 뱀이다!"

아이들이 소리 지르며 밖으로 도망을 갔습니다. 그러나 스티브는 자리에 앉아서 구경을 하고 있었습니다.

"스티브, 네가 한 짓이지?"

선생님이 스티브를 보며 한숨을 쉬었습니다.

어느 날은 자기가 만든 폭발물을 터뜨려서 모두를 깜짝 놀라게 하기도 했습니다. 선생님들은 스티브를 더 이상 가르칠 수 없다고 포기했습니다.

그러나 4학년 때 스티브를 담임했던 테디 힐 선생님은 스티브가 보통 아이가 아니라는 것을 알았습니다. 테디 힐 선생님은 학교 공부를 따분하게 생각하는 스티브를 위하여 조금 어려운 수학 문제를 풀게 했습니다.

"이 문제를 다 풀면 상으로 5달러와 막대사탕을 주마."

스티브는 경기에서 지는 것을 가장 싫어했습니다. 체육 시간에 경기에서 지면 울부짖으며 소란을 피우기도 했습니다. 스티브는 테디 힐 선생님이 낸 문제도 경기로 생각하고 열심히 풀었습니다.

"와! 다 맞았구나. 나는 네가 뛰어난 학생이라는 것을 짐작하고 있었어."

테디 힐 선생님은 칭찬을 하며 약속한 상을 주었습니다.

"이 돈으로 새로운 기계 부품을 살 거예요."

"그러렴. 그 대신 공부도 열심히 해야 한다."

스티브는 그때부터 공부도 열심히 해서 한 학년을 뛰어넘어 중학교에 들어갔습니다.

마음이 서로 통하는 친구 워즈니악을 만났어요

중학교 학생들은 거칠고 툭 하면 싸움을 벌이곤 했습니다. 스티브는 도저히 마음을 잡고 공부를 할 수가 없었습니다.

'이 학교에 계속 있다간 나도 문제아가 되고 말 거야.'

스티브는 부모님께 학교를 옮겨달라고 부탁했습니다.

아빠 엄마는 걱정이 앞섰습니다. 폴이 하는 일이 잘되지 않아 가정 형편이 몹시 어려웠기 때문입니다.

"힘들긴 하지만 스티브의 장래를 위해서 이사를 가도록 합시다."

클라라가 조심스럽게 말을 꺼냈습니다.

"그렇게 합시다. 이왕이면 스티브의 재능을 살릴 수 있는 곳으로 이사를 갑시다."

이렇게 결심한 엄마 아빠는 집을 팔고 재산을 다 모아 로스 앨터스에 작은 집을 마련했습니다. 이곳은 미항공우주국 나사 (NASA)가 있어서 전자 회사들이 많은 곳이었습니다. 집집마다 차고에 달 착륙에 필요한 부품들이 널려 있었습니다. 스티브는 이런 부품들을 뜯었다가 다시 맞추며 시간 가는 줄 몰랐습니다.

한번은 창고 안에서 주파수 측정기라는 기계를 만들고 있었습니다.

'어쩌지? 부품 하나가 없어. 이제 거의 다 만들어 가는데 이런……'

안타까워하던 스티브는 포기하지 않고 컴퓨터를 만드는 회사의 빌 휴렛 사장에게 전화를 했습니다.

"안녕하세요. 저는 스티브 잡스라는 학생입니다."

"지금 바쁜데 무슨 일인가?"

"제가 지금 주파수 측정기를 만들다가 부품이 하나 없어서 완성을 하지 못하고 있거든요. 사장님께서 저에게 부품 하나를 보내 주실 수 없나요?"

빌 휴렛 사장은 언뜻 자기의 학생 시절 모습이 떠올랐습니다.

"나한테 전화를 해서 부속을 보내 달라니……. 배짱이 대단한 아이구나. 나도 학생 시절에 너처럼 기계 만지는 일에 푹 빠져 지냈단다. 좋다. 보내 주마."

스티브는 빌 휴렛 사장이 보내 준 부품으로 주파수 측정기를 다 만들었습니다. 하늘을 날아갈 것처럼 기분이 좋았습니다.

'앞으로 내 손으로 직접 컴퓨터를 만들어 볼 거야.'

스티브는 마음속으로 이렇게 결심을 했습니다.

스티브가 고등학교에 들어갔을 때입니다.

"우리 집 차고에서 컴퓨터를 만드는 형이 있어."

스티브의 친구 페르난데스가 말했습니다.

"뭐? 컴퓨터를 직접 만든다고?"

스티브는 귀가 번쩍 뜨였습니다.

"함께 가 보자."

스티브가 찾아가 만난 사람은 워즈니악이라는 사람이었습니다. 워즈니악은 자기가 만든 컴퓨터에 대해서 열심히 설명을 했습니다. 아직은 부족한 부분이 많은 컴퓨터였지만, 그것

을 만든 기술이 놀라웠습니다. 둘이는 서로 마음이 통했습니다. 스티브가 워즈니악보다 5살 아래였지만 서로 친구로 지내기로 했습니다.

"내가 만든 컴퓨터로 세상을 바꾸고 싶어."

"나의 꿈도 마찬가지야."

둘이는 손을 굳게 마주잡았습니다.

워즈니악은 대학교에서 컴퓨터를 누구보다도 잘 다루었습니다. 한번은 컴퓨터로 나쁜 욕이 계속 인쇄 되도록 만들었습니다. 그 일로 워즈니악은 퇴학을 당했습니다.

스티브도 대학에 들어갔지만 학과 공부에 별 흥미를 느끼지 못했습니다.

'대학교에서는 내가 원하는 것을 얻을 수가 없어. 내가 하고 싶은 일을 하자.'

스티브는 부모님에게 학교를 그만두고 싶다고 말했습니다. 그러자 아빠 폴은 스티브의 친엄마와 약속한 일이 있어서 스티브가 대학을 졸업하기를 바랐습니다. 그러나 스티브가 꼭 하고 싶은 일을 밀어주기로 마음먹었습니다.

드디어 성공! 애플 회사의 회장이 되었어요

1975년 1월에 세계 최초로 개인용 컴퓨터가 나왔습니다. 지금의 컴퓨터와는 많이 달라서 키보드도 없고 모니터도 없어서 사용하기에 불편한 점이 많았지만 세계 사람들을 놀라게 한 컴퓨터였습니다. 스티브는 그 컴퓨터보다 훨씬 더 편리한 컴퓨터를 만들고 싶었습니다.

"워즈니악, 우리 둘이 힘을 합쳐서 정말 편리한 컴퓨터를 만들어 보지 않을래?"

스티브는 워즈니악의 실력을 믿고 있었습니다.

“좋아, 사실은 지금 내가 계획하고 있는 컴퓨터가 있어.”

워즈니악은 자기가 만들고 있는 컴퓨터에 대해 설명했습니다.

“와! 이 컴퓨터가 완성되면 사람들이 서로 사려고 야단일 거야. 우리 아예 컴퓨터 회사를 만들자.”

둘은 그날부터 스티브네 집 차고에서 아침부터 밤늦게까지 일을 했습니다. 그때 전자오락 게임을 만드는 회사에 다니고 있었던 스티브는 직장도 그만 두었습니다.

그렇게 두 사람이 힘을 합한 어느 날, 드디어 개인용 컴퓨터가 완성되었습니다.

“컴퓨터에 회사 이름을 붙여서 팔아야 하지 않을까?”

둘이는 회사 이름을 무엇으로 할까 고민했습니다.

“애플이라 하면 어때? 푸릇푸릇한 생기가 느껴지잖아?”

문득 사과를 좋아하는 스티브가 먹고 있던 사과를 내보이며 말했습니다.

“애플이라, 애플, 애플, 자꾸 불러보니까 좋은데?”

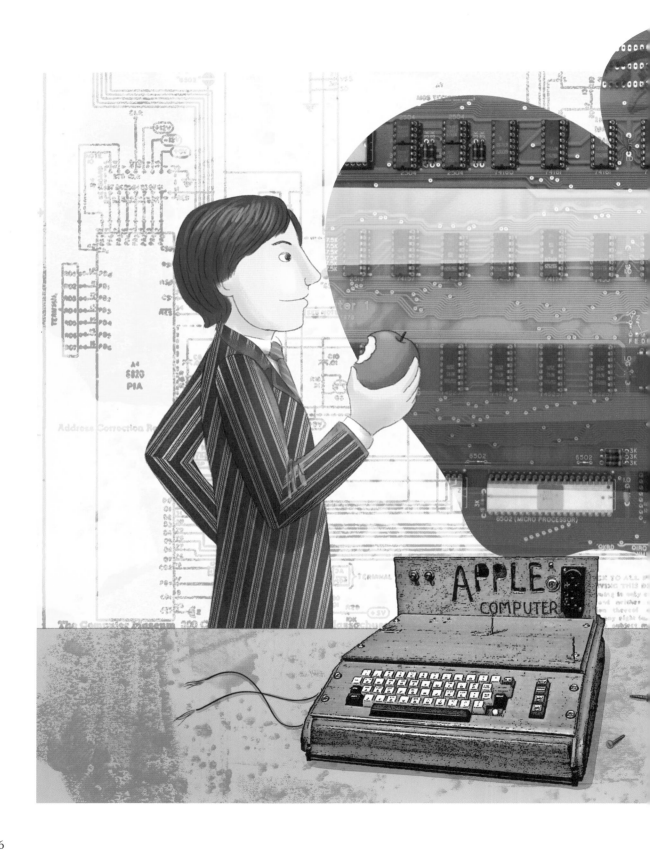

둘이는 처음 만든 개인용 컴퓨터 이름을 '애플1'이라고 지었습니다. 상표 그림은 스티브가 내밀었던 사과처럼 한 입 베어 먹은 사과 모양으로 그렸습니다.

컴퓨터를 파는 일을 하는 테럴이 애플1 컴퓨터를 보고 당장 50대를 주문했습니다. 한 대에 500달러나 준다고 했습니다. 그해에 애플1 컴퓨터는 150대 정도가 팔렸습니다.

"세계 최고의 컴퓨터로 '애플의 천국'을 만들 거야."

신이 난 스티브는 스스로 다짐을 했습니다.

용기를 얻은 워즈니악은 다시 '애플2' 컴퓨터를 만들었습니다. '애플1' 컴퓨터는 복잡한 명령어를 입력해야만 사용할 수 있었지만 '애플2'는 전원만 켜면 누구나 손쉽게 사용할 수 있었습니다. 스티브의 의견에 따라 시끄러운 소리도 나지 않게 만들었습니다. 그때까지 사용해 오던 금속 케이스 대신 매끈한 플라스틱 케이스로 만든 것도 스티브의 생각이었습니다. 이 컴퓨터를 상품으로 내놓으려면 많은 돈이 필요했습니다. 스티브는 투자자를 찾아 나섰습니다. 그러나 스티브가 찾아

간 사람마다 거절을 했습니다. 스티브는 그의 성격대로 한번 하려고 마음먹은 일은 절대 포기하지 않았습니다. 결국 마쿨라라는 사람이 많은 돈을 대주기로 약속을 했습니다.

드디어 1977년 4월 16일, 웨스트코스트 컴퓨터 박람회에 애플2 컴퓨터가 전시되었습니다.

"와! 멋지다."

"누구나 쉽게 사용할 수 있어서 참 편리한 컴퓨터야."

사람들은 애플2 컴퓨터 앞에서 떠날 줄 몰랐습니다. 이 컴퓨터는 매달 3만 대 이상 팔려나갔습니다. 스티브와 워즈니악, 그리고 자금을 댄 마쿨라는 하루아침에 큰 부자가 되었습니다.

단 2명으로 출발한 애플은 1980년에 직원이 1천 명 이상 되는 큰 회사가 되었습니다.

실패 또 실패!
애플 회사에서
쫓겨났어요

애플 회사의 회장이 된 스티브는 자심감이 넘쳤습니다. 스티브는 워즈니악을 재촉하여 '애플3' 컴퓨터를 만들었습니다. 그러나 이번에는 별로 인기가 없었습니다. 실망을 하고 있는 스티브에게 급한 전화가 왔습니다.

"스티브, 워즈니악이 크게 다쳐서 병원에 입원했어요."

"뭐? 워즈니악이?"

스티브가 급히 병원으로 갔습니다. 워즈니악이 경비행기를 타다가 사고를 당한 것입니다. 그 사고로 워즈니악은 한동안

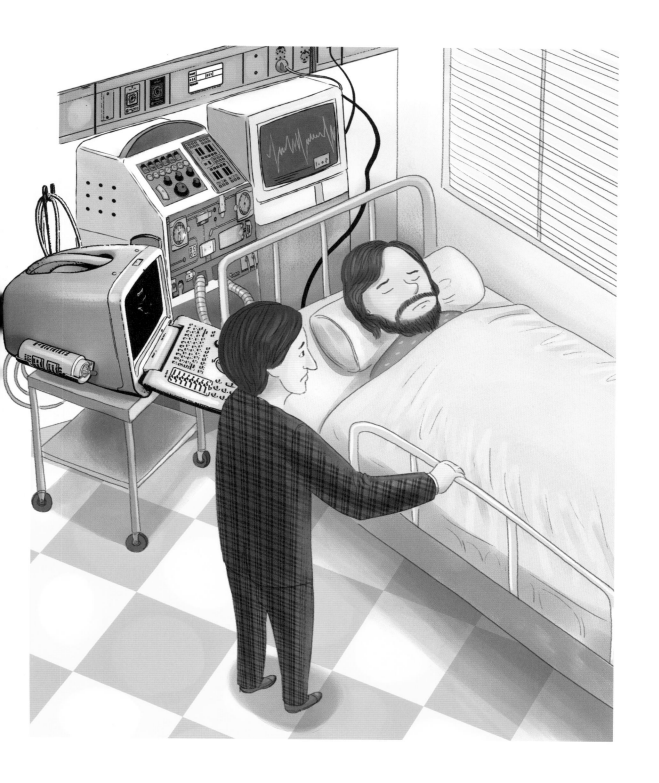

기억상실증에 걸려 아무 것도 기억하지 못했습니다. 다행히도
두 달 뒤에 조금씩 기억을 되찾긴 했지만 더 이상 회사 일을
할 수 없었습니다.

'이제까진 워즈니악이 중심이 되어 컴퓨터를 만들었어. 이제부턴 나 외에는 만들 수 없는 새로운 컴퓨터를 한번 만들어 보자!'

이렇게 결심한 스티브는 새로운 컴퓨터 '리사'를 만들어 냈습니다. 처음으로 마우스가 달린 컴퓨터였습니다. 지금까지 없던 참 편리한 컴퓨터였습니다. 그러나 가격이 너무 비싸서 찾는 사람이 별로 없었습니다.

스티브는 다시 '매킨토시'라는 컴퓨터를 내놓았으나 역시 잘 팔리지 않았습니다.

"당신을 믿고 있다간 회사가 망하고 말겠어요."

연속해서 실패하자 애플 회사에서 스티브를 쫓아냈습니다. 사람들은 자기가 만든 회사에서 쫓겨나는 스티브를 보며 뒤에서 숙덕거렸습니다.

"조금 불편한 데가 있더라도 가격이 싼 컴퓨터를 만들어야 한다고 그렇게 말했건만 듣지 않더니 저 꼴이 되었어."

그러나 스티브는 실망만 하고 있지 않았습니다. 스티브는

애플에서 번 돈이 1억 달러가 넘었습니다. 그 돈으로 새로운 컴퓨터 회사인 넥스트를 만들었습니다.

스티브가 새 회사를 차렸다는 소식을 듣고 스티브의 능력을 믿는 사람들이 여기저기서 모여들었습니다.

"다른 회사의 뒤를 따라가지 말고 한 발 앞서 걸어갑시다. 세상에 없는 특별한 컴퓨터를 만들어 봅시다."

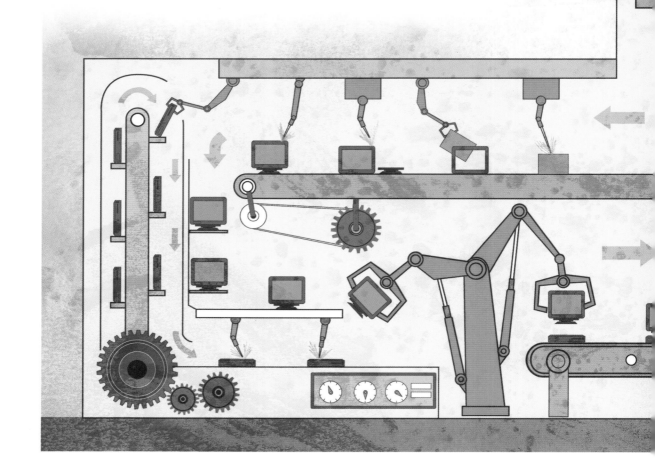

스티브는 새 회사가 시작되는 날 직원들에게 자신 있게 외쳤습니다. 회사 건물도 최고의 건축가에게 부탁하여 멋지게 지었습니다. 생산 공장도 자동화 설비를 하여 하루에 수백 대의 컴퓨터를 만들 수 있도록 했습니다.

스티브는 자기를 쫓아낸 애플 회사 사람들에게 보란 듯이 성공하고 싶었습니다. 스티브가 넥스트의 첫 생산품으로 자신 있게 내놓은 것은 컴퓨터 '큐브'였습니다. 기자들은 디자인이 뛰어나고 여태 볼 수 없었던 새로운 기능을 갖춘 놀라운 컴퓨터라고 칭찬했습니다.

스티브는 이제 많은 주문이 몰려들 것이라고 큰 기대를 했습니다. 그러나 컴퓨터 한 대에 1만 달러가 넘는 비싼 가격이 문제였습니다. 별로 사려는 사람이 없었습니다. 스티브는 다시 큰 실패를 하였습니다.

"애플에서 번 돈도 잃고 새로 차린 회사도 망하게 생겼군."

사람들은 스티브가 다시는 일어설 수 없을 거라고 생각했습니다.

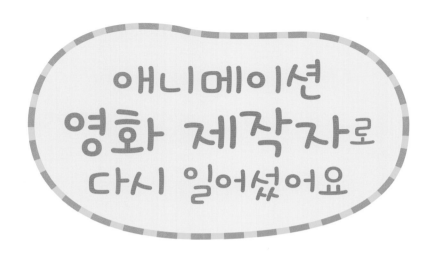

애니메이션
영화 제작자로
다시 일어섰어요

    보통의 사람들은 대개 몇 번의 실패를 거듭하면 모든 것을 포기해 버립니다. 그러나 스티브는 몇 번을 실패해도 또 일어났습니다.

    스티브가 이번에 눈을 돌린 곳은 컴퓨터 그래픽(컴퓨터로 그림을 그리는 것을 말함)이었습니다. 스티브는 컴퓨터 그래픽 작업을 하는 '픽사'라는 회사가 어려움에 처해 있다는 소식을 듣고 찾아갔습니다. 스티브는 이 회사를 인수하여 장편 애니메이션을 만들 결심을 했습니다. 다른 사람들은 모두 이상하게

생각했지만 스티브는 애니메이션으로 성공할 수 있다고, 밝은 미래를 내다보았습니다.

스티브는 픽사를 인수한 후에 우선 단편 애니메이션 「틴 토이」를 만들었습니다. 그 작품으로 단편 영화상을 받았습니다. 컴퓨터로 제작한 애니메이션 영화로는 처음 받는 상이었습니다. 하지만 이때가 스티브에게는 가장 어렵고 힘든 시기였습니다. 넥스트 회사에서 만든 컴퓨터는 잘 팔리지 않았고, 픽사의 애니메이션 제작에는 돈이 많이 들어갔기 때문입니다. 가지고 있던 돈도 거의 바닥이 나고 있었습니다. 자칫 잘못하다가는 빈털터리가 될 지경이었습니다. 그러나 스티브는 조금도 실망하지 않았습니다.

스티브는 장편 애니메이션 「토이 스토리」에 희망을 걸었습니다. 자금이 모자라자 여러 사람들을 찾아다닌 끝에 디즈니 회사의 도움을 받았습니다. 스티브는 기회가 있을 때마다 사람들에게 이렇게 말했습니다.

"'토이 스토리'라는 이름을 기억해 두세요. 앞으로 그 이름을 많이 듣게 될 것입니다. 올해 가장 성공한 영화가 될 테니까요."

사람들은 스티브가 말한 영화가 궁금했습니다.

크리스마스가 가까운 11월에 드디어 장편 애니메이션이 완성되었습니다. 세계 최초로 입체 영상을 이용해 만든 「토이 스토리」였습니다. 애니메이션 제작에 자금을 댄 디즈니 회사 사람들은 별로 자신이 없었습니다.

"과연 성공할까?"

그러나 스티브는 성공을 굳게 믿고 있었습니다. 영화 시사회가 끝났을 때 사람들은 컴퓨터로 만든 「토이 스토리」에 뜨거운 박수를 보냈습니다. 텔레비전이나 신문에서도 놀라운 작품이라고 칭찬했습니다. 사람들은 너도나도 「토이 스토리」를 보려고 모여들었습니다.

"성공이다! 성공이야!"

스티브는 소리쳤습니다. 애니메이션 제작에 참여했던 사람들도 서로 얼싸안고 춤을 추었습니다. 「토이 스토리」로 1억 달

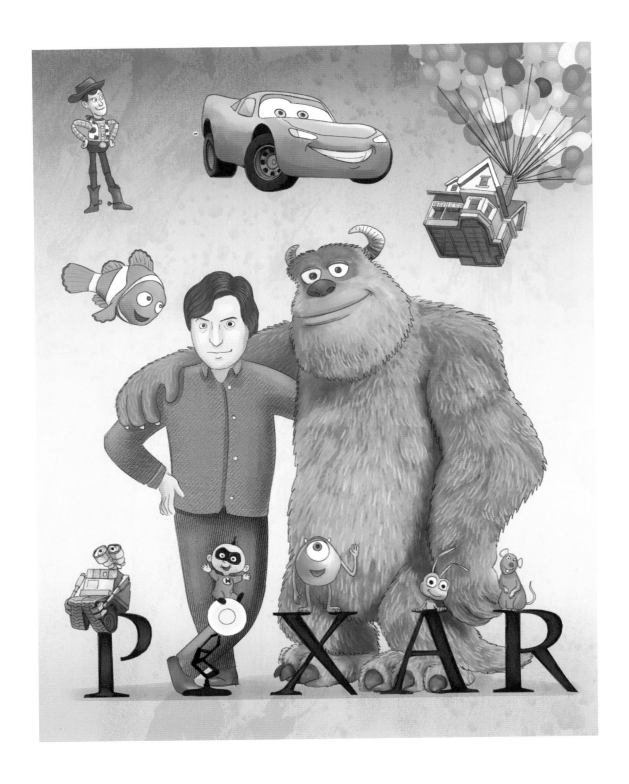

러만 벌면 성공이라고 생각했는데, 전 세계적으로 약 3억 6천만 달러가 넘는 돈을 벌었습니다. 마치 꺼져가던 불쏘시개에 휘발유를 끼얹은 것처럼 스티브는 다시 일어선 것입니다.

스티브는「토이 스토리」가 우연히 성공한 것이 아니라는 것을 보여 주고 싶었습니다. 또 디즈니보다 더 유명한 회사를 만들어 보고도 싶었습니다.

스티브는 두 번째 애니메이션 작품으로「벅스 라이프」를 내놓았습니다. 이 작품 역시 큰 성공이었습니다.「토이 스토리」보다 더 많은 돈을 벌었습니다. 그 후에도「토이 스토리2」「니모를 찾아서」「카」「인크레더블」등 10편의 애니메이션 작품을 내놓아 모두 성공을 했습니다.

이제 사람들은 스티브를 할리우드의 성공한 영화 제작자라고 불렀습니다.

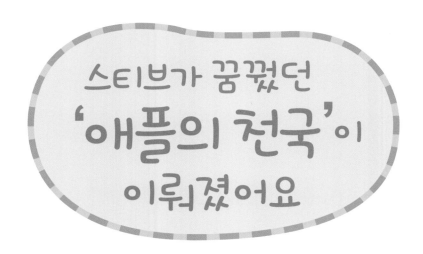

스티브가 꿈꿨던
'애플의 천국'이
이뤄졌어요

    스티브는 애니메이션 영화 제작에 성공했지만 최고의 컴퓨터를 만들겠다는 생각은 변함이 없었습니다.

    이럴 즈음 스티브가 처음 만들었던 회사 애플은 점점 더 어려워지고 있었습니다. 스티브는 애플의 최고경영자인 아밀리오를 찾아갔습니다.

    "애플을 이대로 두면 쓰러지고 말 것입니다."

    아밀리오는 풀죽은 목소리로 말했습니다.

    "내가 어떻게 하면 도움이 되겠습니까?"

"애플과 넥스트를 하나로 합치고 스티브 당신이 경영 고문을 맡아 주면 좋겠습니다."

"좋습니다! 조건이 있습니다. 난 연봉으로 단 1달러만 받겠습니다."

스티브가 이런 조건을 단 것은 돈이 문제가 아니라 자기가 세웠던 애플을 살려보겠다는 결심을 확실하게 보여 주기 위한 것이었습니다.

다시 애플에 들어온 스티브는 회사의 규칙을 엄하게 정하고 느슨한 직장 분위기부터 바꿨습니다. 스티브는 직원들에게 개를 데려오지 못하게 하고 담배도 피우지 못하게 했습니다. 출근 시간도 아침 여섯 시로 앞당기고 아침마다 사원들을 모아 놓고 교육을 했습니다.

"남들과 똑같이 생각한다면 결코 앞설 수 없습니다."

스티브는 자주 이렇게 말하곤 했습니다.

그동안 자기 맘대로 자유롭게 근무하던 직원들 중에는 스티브를 못마땅하게 생각하는 사람도 많았습니다.

스티브는 평소에 밥 딜런(1960년대 미국의 대중 가수이며 작사, 작곡가)의 노래 「구르는 돌처럼」을 좋아했는데, 이 노래 제목처럼 '구르는 돌에는 이끼가 끼지 않는다.'며 직원들을 격려했습니다. 결국 스티브에게 불만을 가졌던 직원들도 그의 열정에 따라가지 않을 수 없었습니다.

스티브는 새로 만들어 낼 컴퓨터의 디자인에 무척 신경을 썼습니다. 그의 성격처럼 깔끔한 디자인을 만들기 위해 노력했습니다.

이렇게 해서 새로 만들어낸 컴퓨터가 '아이맥'이었습니다. 아이맥은 반투명의 플라스틱 상자와 다섯 가지 색상으로 겉모습부터 아름다웠습니다. 사람들은 복잡하지도 않고 군더더기 하나 없이 깔끔한 디자인에 감탄을 했습니다.

아이맥은 1년에 200만 대가 팔릴 정도로 인기가 있었습니다. 다 쓰러져 가던 애플을 스티브가 다시 살려 낸 것입니다.

스티브는 한 가지를 성공하면 거기에 머무르는 법이 없었습니다. 이번에는 엠피3 플레이어 '아이팟'을 세상에 내놓았습니

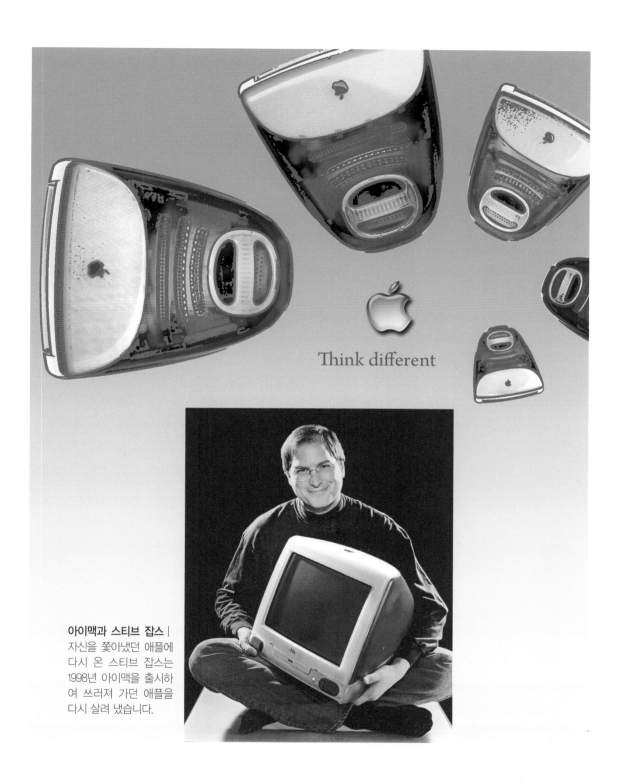

Think different

아이맥과 스티브 잡스 |
자신을 쫓아냈던 애플에
다시 온 스티브 잡스는
1998년 아이맥을 출시하
여 쓰러져 가던 애플을
다시 살려 냈습니다.

다. 스티브가 아이팟을 소개했습니다.

"이 자그마한 기계에 놀랍게도 노래 1,000곡이 담겨 있습니다. 제 주머니에 쏙 들어가는 이 기계에 말입니다."

사람들은 아이팟에 큰 흥미를 가졌습니다. 아이팟은 불티나게 팔렸습니다. 그 후 아이팟은 노래를 2천 곡이나 저장할 수 있게 되었습니다.

지칠 줄 모르고 새로운 것에 도전하던 스티브는 갑자기 몸이 나빠졌습니다. 병원에서 검사를 받은 스티브는 안타까운 진단을 받았습니다.

"췌장암입니다."

스티브를 진찰한 의사는 치료가 어렵다고 했습니다. 그러나 스티브는 수술을 받고 다시 하던 일을 계속했습니다.

스티브는 인터넷을 통해 음악을 사고팔 수 있는 '아이튠즈 뮤직 스토어'를 새롭게 만들어 냈습니다. 이어서 동영상을 무료로 제공하는 서비스도 시작했습니다.

2007년 1월(1월에 발표하고 판매는 6월부터 시작함)에는 새로운 휴대 전화 '아이폰'을 내놓았습니다. 아이폰은 세계 최초로 세 가지 기능을 하나의 휴대 전화로 사용할 수 있게 만든 것이었습니다. 즉 와이드스크린 기능, 휴대 전화 기능, 인터넷 통신 기능을 합한 것입니다. 이 휴대 전화는 세계에서 가장 많이 팔려나간 휴대폰이 되었습니다. 이후 인터넷에서 텔레비전을 볼 수 있는 '애플 TV'도 만들어 냈습니다.

2010년에는 키보드 없이 손가락 또는 전자펜으로 LCD(액정) 화면에 글씨를 써서 문자를 인식하게 하는 터치스크린 방식의 태블릿 컴퓨터인 '아이패드'를 만들어 냈습니다. 아이패드는 무료이거나 아주 싼 가격으로 다운로드 받아 사용할 수 있는 앱(애플리케이션의 준말로, 컴퓨터를 이용해서 원하는 일을 할 수 있도록 만들어진 응용프로그램을 말함)이 수십만 가지가 넘었습니다. 아이패드는 1년도 되지 않아 2천만 대나 팔릴 정도로 인기가 있었습니다.

스티브는 다시 '아이클라우드'를 발표했습니다. 아이클라우드는 애플에서 만든 아이폰, 아이패드, 아이팟, 애플 TV 등을

아이패드와 스티브 잡스 |
2010년 1월 아이패드를 출
시하고 제품 설명을 하고
있는 스티브 잡스.

애플의 천국을 이루고 떠난 스티브 잡스 |
2011년 10월 5일, 췌장암 투병 끝에 56세
의 젊은 나이로 세상을 떠났습니다.

You will be
missed Steve
-Austin, USA

서로 자유롭게 이용할 수 있는 기술이었습니다.

스티브는 마치 분수가 솟듯 끊임없이 새로운 아이디어를 내고 제품을 만들어 냈습니다. 스티브가 처음에 초라한 집 차고에서 애플을 시작할 때 꿈꿨던 '애플의 천국'이 아이클라우드로 이뤄진 것입니다.

스티브의 몸은 다시 나빠지기 시작했습니다. 췌장암이 더 심해진 것입니다.

"시간은 우리들을 기다려 주지 않습니다. 그러니까 시간을 낭비하지 마세요. 늘 배고픈 상태로 머무르세요."

스티브가 마지막 한 말입니다. 배부른 사람은 편하게 쉬거나 잠을 자려고 합니다. 그러나 배고픈 사람은 먹을 것을 구하기 위하여 열심히 일을 합니다.

수많은 실패를 당하면서도 실망하지 않고 다시 일어서서 새로운 일에 도전했던 스티브는, 2011년 10월 5일 조용히 눈을 감았습니다. 그의 나이 56세였습니다.

"나는 돈보다 더 큰 목표를 위해 일하고 있습니다."

스티브가 평소에 자주 하던 말입니다. 바로 세계 사람들이 편리하게 사용할 수 있는 '애플의 천국'이 그의 목표였던 것입니다. ❀

스티브 잡스의 삶

연 대	발 자 취
1955년(0세)	캘리포니아 주 샌프란시스코에서 태어나 폴 잡스 부부에게 입양되다.
1967년(12세)	스티브에게 맞는 학교를 찾아 로스앨터스로 이사를 가서 쿠퍼티노 중학교에 들어가다.
1968년(13세)	컴퓨터를 만들어 함께 애플사를 만들게 된 워즈니악을 만나 친구가 되다.
1972년(17세)	리드 대학교에 입학했으나 한 학기만 다니고 그만두다.
1976년(21세)	집 창고에서 애플사를 차리고 '애플1' 컴퓨터를 만들어 크게 성공하다.
1977년(22세)	'애플2' 컴퓨터를 만들어 내놓다.
1980년(25세)	애플사의 주식으로 스티브와 함께 일한 워즈니악과 자본을 댄 마쿨라 모두 큰 부자가 되다.
1984년(29세)	새 컴퓨터 '매킨토시'를 내놓았으나 가격이 비싸서 사람들이 사지 않아 실패하다.
1985년(30세)	새 컴퓨터가 팔리지 않아 애플사가 어려워지자 애플사에서 쫓겨나다. 새로운 회사 넥스트를 차리다.
1991년(35세)	픽사를 사들이고, 월트디즈니와 세계 최초로 컴퓨터 그래픽 애니메이션을 만들기로 약속하다.
1995년(39세)	장편 애니메이션 「토이 스토리」를 개봉하여 크게 성공하다.
1997년(41세)	형편이 어려운 애플로 다시 들어가 연봉 1달러를 받으며 일을 하기 시작하다.
1998년(42세)	새로운 컴퓨터 '아이맥'을 내놓아 첫 주에만 25만 대가 팔려 다시 애플을 살려내다.
2001년(45세)	음악으로 눈을 돌려 엠피3 플레이어 '아이팟'과 프로그램인 '아이튠즈'를 내놓다.
2003년(47세)	아이튠즈 뮤직 스토어 사이트를 개장하여 큰 인기를 얻다. 개장 18시간 만에 27만 5,000곡의 노래를 팔다.
2004년(48세)	췌장암 진단을 받고 수술을 하다. 수술이 잘되어서 다시 애플에서 일하기 시작하다.
2005년(49세)	스탠퍼드 대학교 졸업식에서 연설을 하다. 이때 췌장암에 걸려 치료받고 있다는 사실을 이야기하다.
2006년(50세)	픽사와 디즈니를 합병하다.
2007년(51세)	스마트폰 '아이폰'을 내놓다.
2010년(54세)	태블릿 컴퓨터 '아이패드'를 내놓다.
2011년(56세)	회사에서 병가를 내어 쉬면서도 '아이패드2'를 발표하다. 6월에 '애플의 천국'이라 할 수 있는 '아이클라우드'를 발표하다. 8월에 건강이 좋지 않아 애플에서 사임하고 팀 쿡에게 애플 운영을 맡기다. 10월 5일 56세로 세상을 떠나다.

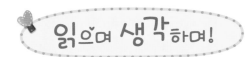

읽으며 생각하며!

1. 스티브의 아빠는 어린 스티브의 어떤 점을 자랑스럽게 생각했나요?
   (   )안에 들어갈 낱말을 써 보세요.

   (   )을 갖고 무엇이나 살피고 망가뜨려 놓는 일

2. 다음 장면에서, 어린 스티브를 데리고 차고에 가는 아빠의 입장이
   되어서 아빠가 속으로 어떤 생각을 하고 있을지 써 보세요.

   "스티브야, 오늘은 아빠랑 같이 차고에 가자."
   "와! 신난다."
   스티브는 깡충깡충 뛰며 아빠를 따라 나섰습니다.

3. 다음 내용을 읽으면서 위인 중 누구의 어머니가 떠오르는가요?

"힘들긴 하지만 스티브의 장래를 위해서 이사를 가도록 합시다."

클라라가 조심스럽게 말을 꺼냈습니다.

"그렇게 합시다. 이왕이면 스티브의 재능을 잘 살릴 수 있는 곳으로 이사를 갑시다."

이렇게 결심한 엄마 아빠는 집을 팔고 재산을 다 모아 로스앨터스에 작은 집을 마련했습니다. 이곳은 미항공우주국 나사(NASA)가 있어서 전자 회사들이 많은 곳이었습니다.

4. 스티브와 그의 친구 워즈니악이 대학을 제대로 다니지 않은 일에 대해서 어떻게 생각하는지 써 보세요.

5. 스티브는 사람들이 다시는 일어설 수 없을 것이라고 생각할 정도로 많은 실패를 했습니다. 그러나 다시 일어서는 스티브를 보면서 나는 어떤 사람이 되고 싶은지 써 보세요.

_____

_____

6. 스티브가 「토이 스토리」에 대해서 한 다음 말에서 스티브의 어떤 점을 느낄 수 있나요? 세 자로 써 보세요.

스티브는 기회 있을 때마다 사람들에게 이렇게 말했습니다.
"'토이 스토리'라는 이름을 기억해 두세요. 앞으로 그 이름을 많이 듣게 될 것입니다. 올해 가장 성공한 영화가 될 테니까요."
사람들은 스티브가 말한 영화가 궁금했습니다.

7. 자신을 쫓아냈던 애플사에 다시 들어간 스티브는 연봉을 1달러만 받겠다고 했습니다. 이런 스티브의 마음을 생각하며, 나의 생각을 써 보세요.

_____

_____

1. 호기심

2. 예시 : 기계 다루기를 좋아하는 우리 스티브에게 마음껏 기계를 만질 수 있게 해야지.

3. 맹자의 어머니

4. 예시 : 자기가 좋아하는 일을 하기 위해서 꼭 대학을 다녀야만 하는 것은 아니라고 생각한다. 스티브와 워즈니악은 자기가 좋아하는 컴퓨터 만드는 일을 더 잘하기 위해서 대학을 그만둔 것이므로 잘한 일이라고 생각한다.

5. 예시 : 실패는 누구에게나 있다고 생각합니다. 그러나 그 실패에 실망하지 않고 다시 일어서는 사람이 성공을 할 수 있다는 것을 깨달았습니다. 나도 어떤 일을 하다가 실패하더라도 오뚝이처럼 다시 일어서는 정신을 갖도록 하겠습니다.

6. 자신감

7. 예시 : 스티브는 돈보다는 큰 목표를 위해서 일한다고 말했습니다. 자기가 만든 애플사에 들어가서 연봉 1달러만 받겠다고 한 것은 돈을 벌기 위해 일하는 것이 아니라 자기가 좋아하는 일을 열심히 하겠다는 뜻이라고 생각합니다. 돈을 많이 번다고 좋은 일이 아니라 내 소질에 맞는 일을 찾아 열심히 일하는 것이 좋은 일이라고 생각합니다. 나도 나의 소질에 맞는 일을 찾아 열심히 일하고 싶습니다.

역사 속에 숨은 위인을 만나 보세요!

Korean history (상단)

최무선 (1328~1395)

황희 (1363~1452)

신사임당 (1504~1551)

이이 (1536~1584)

세종대왕 (1397~1450)

허준 (1539~1615)

장영실 (?~?)

유성룡 (1542~1607)

광개토태왕 (374~412)

연개소문 (?~666)

장보고 (?~846)

을지문덕 (?~?)

김유신 (595~673)

대조영 (?~719)

왕건 (877~943)

강감찬 (948~1031)

한 (154□)

이 (154□)

오 한 (오삼 1618 한산 161□)

문익점 원에서 목화씨 가져옴 (1363)

최무선 화약 만듦 (1377)

임진왜란 (1592~1598)

허동완 (161□)

병호 (163□)

고려 강화로 도읍 옮김 (1232)

개경 환도, 삼별초 대몽 항쟁 (1270)

상 통 전 유 (167□)

고구려 살수대첩 (612)

신라 삼국통일 (676)

견훤 후백제 건국 (900)

궁예 후고구려 건국 (901)

고조선 건국 (B.C. 2333)

철기 문화 보급 (B.C. 300년경)

고조선 멸망 (B.C. 108)

고구려 불교 전래 (372)

신라 불교 공인 (527)

대조영 발해 건국 (698)

장보고 청해진 설치 (828)

왕건 고려 건국 (918)

귀주 대첩 (1019)

윤관 여진 정벌 (1107)

조선 건국 (1392)

훈민정음 창제 (1443)

한산도 대첩 (1592)

B.C.	선사 시대 및 연맹 왕국 시대	A.D. 삼국 시대	698 남북국 시대	918	고려 시대	1392

2000	500	400	300	100	0	300	500	600	800	900	1000	1100	1200	1300	1400	1500	16□

B.C.	고대 사회	A.D. 375	중세 사회	1400

World history (하단)

중국 황하 문명 시작 (B.C. 2500년경)

인도 석가모니 탄생 (B.C. 563년경)

알렉산더 대왕 동방 원정 (B.C. 334)

크리스트교 공인 (313)

게르만 민족 대이동 시작 (375)

로마 제국 동서로 분열 (395)

수나라 중국 통일 (589)

이슬람교 창시 (610)

수 멸망 당나라 건국 (618)

러시아 건국 (862)

거란 건국 (918)

송 태종 중국 통일 (979)

제1차 십자군 원정 (1096)

테무친 몽골 통일 칭기즈 칸이 됨 (1206)

원 제국 성립 (1271)

원 멸망 명 건국 (1368)

잔 다르크 영국군 격파 (1429)

구텐베르크 금속 활자 발명 (1450)

코페르니쿠스 지동설 주장 (1543)

도요토미 히데요시 일본 통일 (1590)

독 30 전 (161□)

영국 청 학 (164□)

뉴만 인 법 발 (166□)

석가모니 (B.C. 563?~ B.C. 483?)

예수 (B.C. 4?~ A.D. 30)

칭기즈 칸 (1162~1227)

76

정약용
(1762~1836)

김정호
(?~?)

주시경
(1876~1914)

김구
(1876~1949)

안창호
(1878~1938)

우장춘
(1898~1959)

유관순
(1902~1920)

안중근
(1879~1910)

방정환
(1899~1931)

윤봉길
(1908~1932)

이중섭
(1916~1956)

백남준
(1932~2006)

이태석
(1962~2010)

최제우
동학
창시
(1860)

강화도
조약
체결
(1876)

동학
농민
운동,
갑오
개혁
(1894)

을사
조약
(1905)

헤이그
특사
파견,
고종
퇴위
(1907)

한일
강제
합방
(1910)

3·1
운동
(1919)

8·15
광복
(1945)

6·29
민주화
선언
(1987)

김정호
대동여
지도
제작
(1861)

지석영
종두법
전래
(1879)

갑신
정변
(1884)

대한
제국
성립
(1897)

어린이날
제정
(1922)

윤봉길·
이봉창
의거
(1932)

대한
민국
정부
수립
(1948)

6·25
전쟁
(1950~1953)

10·26
사태
(1979)

서울
올림픽
개최
(1988)

북한
김일성
사망
(1994)

의약
분업
실시
(2000)

이승훈
천주교
전도
(1784)

선 시대	1876 개화기	1897 대한 제국	1910 일제 강점기	1948 대한민국

1700	1800	1850	1860	1870	1880	1890	1900	1910	1920	1930	1940	1950	1970	1980	1990	2000

근대 사회	1900 현대 사회

미국
독립
선언
(1776)

프랑스
혁명
('89)

청·영국
아편
전쟁
(1840~1842)

미국
남북
전쟁
(1861~1865)

베를린
회의
(1878)

청·
프랑스
전쟁
(1884~1885)

청·일
전쟁
(1894~1895)

헤이그
평화
회의
(1899)

영·일
동맹
(1902)

러·일
전쟁
(1904~1905)

제1차
세계
대전
(1914~1918)

러시아
혁명
(1917)

세계
경제
대공황
시작
(1929)

제2차
세계
대전
(1939~1945)

태평양
전쟁
(1941~1945)

국제
연합
성립
(1945)

소련
세계
최초
인공위성
발사
(1957)

제4차
중동
전쟁
(1973)

소련
아프가니
스탄
침공
(1979)

미국
우주
왕복선
콜럼비아
호 발사
(1981)

독일
통일
(1990)

유럽
11개국
단일
통화
유로화
채택
(1998)

미국
9·11
테러
(2001)

워싱턴
(1732~1799)

링컨
(1809~1865)

가우디
(1852~1926)

라이트
형제
(형, 윌버
1867~1912 /
동생, 오빌
1871~1948)

아문센
(1872~1928)

헬렌
켈러
(1880~1968)

테레사
(1910~1997)

마틴
루서 킹
(1929~1968)

스티븐
호킹
(1942~2018)

오프라
윈프리
(1954~)

나이팅
게일
(1820~1910)

파브르
(1823~1915)

슈바이처
(1875~1965)

만델라
(1918~2013)

스티브
잡스
(1955~2011)

노벨
(1833~1896)

마리
퀴리
(1867~1934)

아인슈
타인
(1879~1955)

에디슨
(1847~1931)

간디
(1869~1948)

빌
게이츠
(1955~)

2022년 6월 25일 1판 5쇄 **펴냄**
2013년 10월 25일 1판 1쇄 **펴냄**

펴낸곳 (주)효리원
펴낸이 윤종근
글쓴이 박성배 · **그린이** 강우권
사진 제공 연합포토
등록 1990년 12월 20일 · **번호** 2-1108
우편 번호 03147
주소 서울시 종로구 삼일대로 457, 406호
전화 02)3675-5222 · **팩스** 02)765-5222

잘못 만들어진 책은 구입하신 서점에서 바꾸어 드립니다.
ISBN 978-89-281-0298-3 64990

이메일 hyoreewon@hyoreewon.com
홈페이지 www.hyoreewon.com